PAUL MASON y TONY DE SAULLES

BESTIAS DIVERTIDAS

Traducción de Adolfo Muñoz

ANAYA

Título original: *Funny Beasts*
Escrito por Paul Mason.
Publicado por primera vez en Gran Bretaña por Wayland, en 2023.

1.ª edición: marzo de 2024

ISBN: 978-84-143-3871-1
Depósito legal: M-31977-2023
Impreso en España - Printed in Spain

PAPEL DE FIBRA
CERTIFICADA

CONTENIDO

BESTIAS QUE TE DEJAN PATIDIFUSO

¿Qué es una bestia? En este libro, es cualquier animal más grande que un bicho.

¡EXAMEN SORPRESA!

¡PLUM!

Algunas bestias son divertidas por cómo se comportan. Como la cabra miotónica, que, en fin, se desmaya cuando se estresa.

¡GRAJ!

TRANQUI, EN ESTA CARRETERA NO PASAN DE LOS TREINTA POR HORA.

Y los fascinantes pájaros que parecen haber comprendido la limitación de velocidad de las carreteras. Saben hasta dónde pueden dejar acercarse a un coche antes de tener que salir volando.

Otras bestias son divertidas porque,
la verdad, tienen una pinta graciosa.
Como cuando se le estropea el peinado
a una vaca de las Tierras Altas de Escocia...

¡DÍA DE VIENTO
Y LLUVIA!

NO ME DIGAS.

... o a un orangután bebé.

¿DE QUÉ
TE RÍES?
A MÍ ESTE
PEINADO
ME GUSTA.

Algunas bestias quieren ser divertidas,
pero solo consiguen ser raras.

Como el lagarto
cornudo, que cuando
se siente amenazado
salpica su propia
sangre... por los ojos.
¡Puaj!

¡JA, JA, JA!

UF, DEJA DE
HACER ESO, PAPI.

5

CRIATURAS ESTRAFALARIAS

Muchas bestias (koalas, perritos y pandas rojos) son una preciosidad. Otras son más bien..., ejem, ejem..., un poco estrafalarias.

ES VERDAD: SOMOS UNA MONADA.

AYE-AYE

Incluso animales nada favorecidos suelen tener bebés guapos. Aunque no es este el caso del aye-aye: ¡sus crías son aún más feas!

PERO MI MAMÁ SÍ ME QUIERE.

¿NO TE PARECE BONITA?

EH, SÍ, BUENO..., ¡PRECIOSA!

MARABÚ

Encabezando la lista de las aves más feas, se encuentra... ¡el marabú! Es fea por una razón práctica: se alimenta de animales muertos. Si tuviera un bonito plumaje en la cabeza, se le llenaría de sangre y olería a demonios.

¡SUELTA ESE HÍGADO!

¡Y UN JAMÓN!

¡UN MOMENTITO! HE TENIDO TODA LA MAÑANA LA CABEZA METIDA EN UN HIPOPÓTAMO MUERTO.

RATA TOPO DESNUDA

Este pequeño roedor pasa la mayor parte del tiempo bajo tierra.

Su dieta cárnica, rica en gusanos, le produce muchas ventosidades. Y como viven en colonias de hasta trescientos individuos, ahí abajo tiene que oler de lo lindo.

EH... AL FINAL TE ACOSTUMBRAS AL OLOR

¡FSSS!

¡SIIIF!

¡FASSS!

HOLGAZANES

La mayoría de los animales van de aquí para allá buscando comida. Pero algunos prefieren tomarse la vida con calma.

PEZ GOTA*

El pez gota casi no tiene músculos, y deja que su cuerpo fofo y gordito flote por ahí en los fondos del océano.

¡UY!

¡VAMOS, VAMOS, UN POQUITO MÁS CERCA!

* Se le llama pez gota, pero debería llamarse pez jeta. En vez de salir a pescar la cena, este holgazán espera a que la corriente se la meta en la boca.

PEREZOSO *

Los perezosos son supermonos, y también superdormilones. Pueden llegar a pasarse el ochenta por ciento de la vida dormidos.

PUES POR AQUÍ, RELAJÁNDOME...

* Incluso cuando están despiertos, no quieren que nadie les meta prisa.

TRANQUI, NO CORRAS...

LORIS PEREZOSO

El loris perezoso es venenoso. Los científicos creen que cuando las madres acicalan a sus bebés, los lamen con saliva venenosa para protegerlos.

¡VEN AQUÍ! ¡ES LA HORA DE TU BAÑO DE SALIVA MORTAL!

9

REPTILES y ANFIBIOS

Se encuentran entre las bestias más divertidas y de aspecto más friki que andan por ahí.

RANA PELUDA *

Cuando se siente amenazada (por ejemplo, por un ave), esta rana se rompe voluntariamente los huesos de las manos y los saca a través de la piel.

Entonces los usa como garras, para defenderse.

¡LA, LA, LA, LA...!

¡NO...!

¡A MÍ TAMPOCO!

* La rana peluda se llama así porque a los machos, en época de apareamiento, les nacen unas proyecciones en la piel que parecen pelos. O más bien una falda hawaiana. Les sirve para lucirse delante de las hembras.

TORTUGA CUELLO DE SERPIENTE DE LA ISLA DE ROTI

El cuello de esta tortuga es tan largo que no puede meter la cabeza dentro del caparazón como otras tortugas. Así que la esconde a un lado.

RANA MORADA

Esta bestia blandita de la India solo sale en la época de lluvias, para aparearse.

Los machos son mucho más pequeños que las hembras. Si encuentran pareja, hacen autoestop y se le suben a la espalda hasta que ella está lista para poner los huevos.

11

ENCONTRANDO PAREJA

En el mundo animal, encontrar pareja puede resultar difícil...
y algunas bestias son muy raras en su búsqueda.

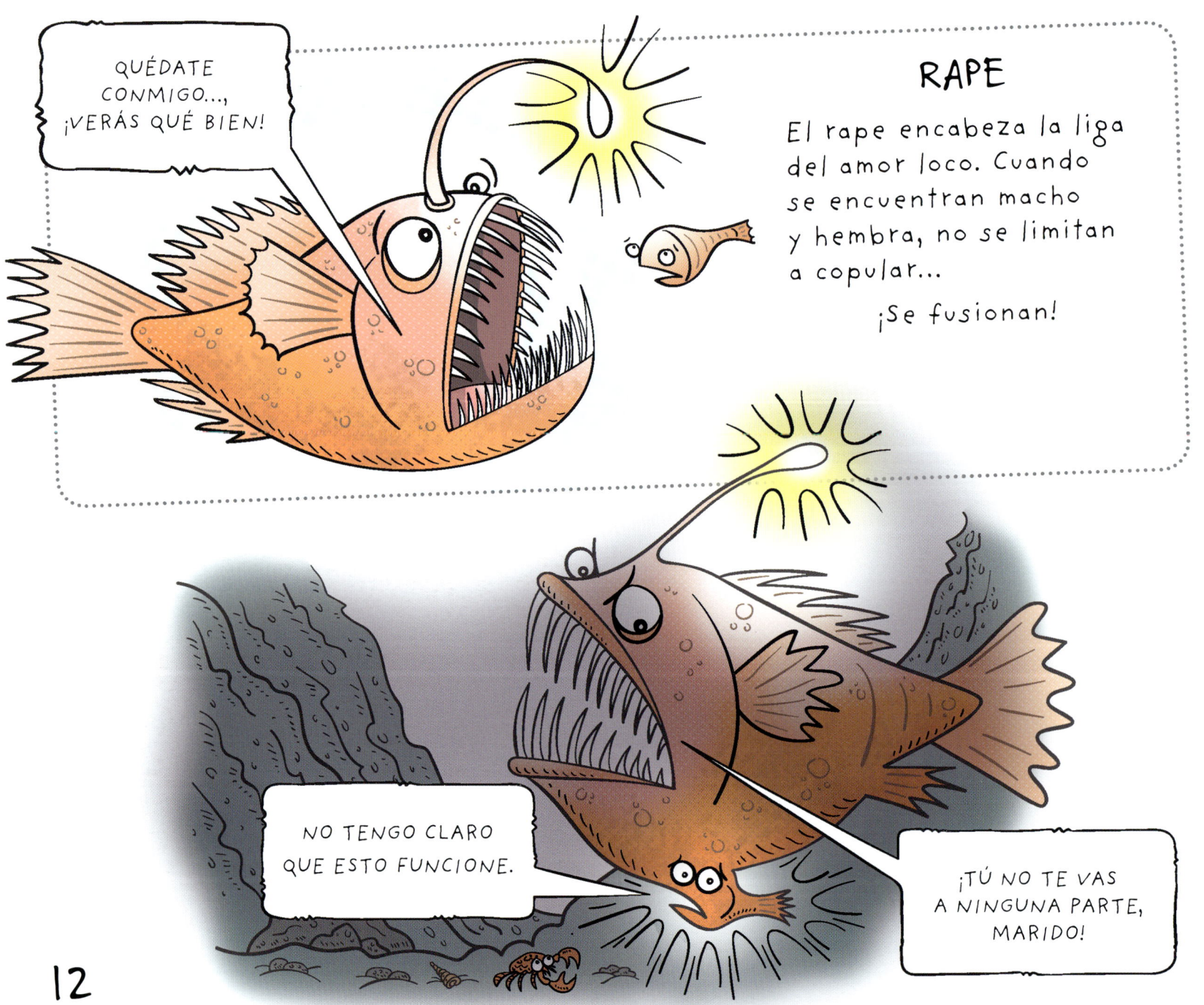

RAPE

El rape encabeza la liga del amor loco. Cuando se encuentran macho y hembra, no se limitan a copular...

¡Se fusionan!

JIRAFA

Las jirafas macho comprueban si una hembra es para ellos tomando un sorbito de su pipí. (Espero que esto no se ponga de moda entre los humanos).

PEZ GLOBO

El pez globo macho pasa horas haciendo dibujos en la arena del fondo del mar. Si a una hembra le gusta su arte, pondrá los huevos en el medio del dibujo.

¿CUÁNDO SE INFLA UN PEZ GLOBO?

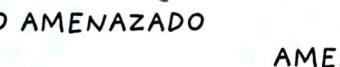
NO AMENAZADO

AMENAZADO

LOS ANIMALES SE DISFRAZAN

Algunos animales se saben disfrazar tan bien que cuando te das cuenta de lo que realmente son, te da la risa.

PULPO MIMO

Con una piel que cambia de color y un cuerpo sin huesos, este pulpo puede realizar imitaciones increíbles.

VEAMOS..., ¿QUÉ QUERÉIS QUE SEA HOY?

PEZ LEÓN

LENGUADO VENENOSO

SERPIENTE MARINA

GECO DE COLA DE HOJA GIGANTE *

El cuerpo lleno de flecos y el color de este geco hacen que parezca un montoncito de hojarasca seca en vez de un montoncito de geco.

* Cuando se siente amenazado, el geco abre la boca y suelta un grito que parece el chillido de un niño asustado.

¡AAAAH!

¡AAAAH!

¡AAAAH!

CABALLITO DE MAR PIGMEO

Este caballito de mar del tamaño de una uña es demasiado pequeño para defenderse de los depredadores.

Afortunadamente, se disfraza bien. Se disfraza tan bien que solo fue descubierto por casualidad por alguien que examinaba corales.

AQUÍ SE HAN ESCONDIDO SEIS CABALLITOS DE MAR. ¿LOS VES?

¡NANAY!

¡Y CON EL HAMBRE QUE TENEMOS!

15

BESTIAS QUE SE ILUMINAN

Imagina que lees este libro en una habitación oscura,
pero en vez de encender una lámpara, te enciendes tú mismo.

CALAMAR LUCIÉRNAGA *

Estos calamares se encienden
para atraer a una pareja.

Por desgracia, eso también
atrae a los humanos que los
capturan. Ya quedan pocos.

¡TACHÁN!

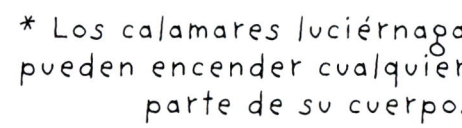

AHORA VAMOS A HACER CUADRADITOS.

* Los calamares luciérnaga
pueden encender cualquier
parte de su cuerpo.

TURRITOPSIS NUTRICULA

Para evitar a los depredadores, esta extraña medusa no solo resulta transparente, sino que:

1) Su estómago puede adquirir un rojo luminoso...

2) ... y, por lo que se sabe hasta ahora, es inmortal (si no se la come nadie).

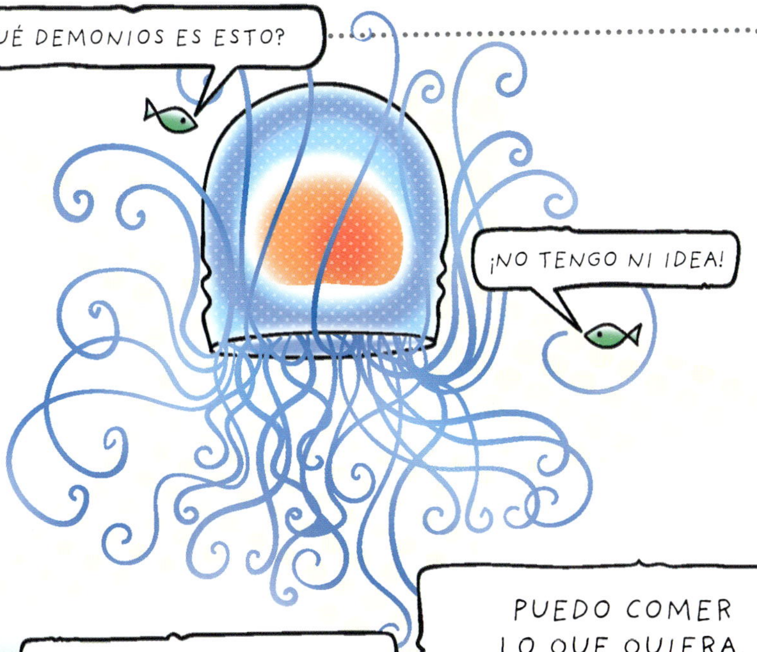

¿QUÉ DEMONIOS ES ESTO?

¡NO TENGO NI IDEA!

VEO QUE HAS COMIDO GAMBAS.

PUEDO COMER LO QUE QUIERA. ¡VIVIRÉ ETERNAMENTE!

DEMONIO DE TASMANIA (Y AMIGOS)

Se ha sabido recientemente que estos pequeños depredadores brillan en la oscuridad, solo que lo hacen con luz ultravioleta, que los humanos no vemos sin aparatos.

¡EH! ¿HAY ALGUIEN AHÍ?

LO QUE VES TÚ

LOS HUMANOS SON BOBOS, ¿VERDAD?

LO QUE VEN EL ORNITORRINCO, EL DEMONIO DE TASMANIA Y EL TEJÓN AUSTRALIANO

17

OJOS BESTIALES

Quien conozca a estas tres no dudará
de que algunas bestias tienen ojos muy raros...

CARPA DE OJOS CELESTIALES

Con sus ojos protuberantes y sus pupilas
a menudo entrecruzadas, esta pequeña carpa
tiene cara de preocupación. No es raro:
en realidad, sus ojos no ven.

Los humanos criaron selectivamente
este pez
por su aspecto.

¿ALGUIEN HA VISTO
MIS GAFAS?

CAMALEÓN *

Los ojos del camaleón pueden mirar en direcciones diferentes al mismo tiempo, por ejemplo, uno hacia delante y otro hacia atrás.

BUEN INTENTO, BERTA.

BRRR... TIENES OJOS EN EL COGOTE.

* Por eso es muy difícil pillar desprevenido a un camaleón. Ni siquiera lo consigue una depredadora tan sigilosa como la culebra arborícola de El Cabo.

PEZ DE CUATRO OJOS

El pez de cuatro ojos solo tiene dos ojos, pero cada uno de ellos está dividido por la mitad, y cada mitad tiene su propia pupila y su propia retina. ¡Eso le permite a este pez ver al mismo tiempo hacia arriba y hacia abajo!

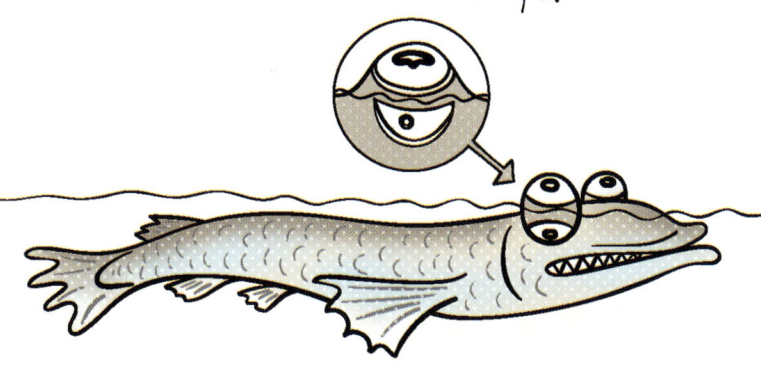

BUSCAMOS INSECTOS...

... PERO CON LOS OJOS MUY ABIERTOS A OTROS BOCADOS.

19

APESTOSOS

Te hará gracia si ves a alguien oliendo a estos animales...
¡Pero no tanta si eres tú el que los huele!

GLOTÓN

El glotón expulsa por el trasero una sustancia de olor espantoso que restriega en árboles, arbustos y piedras.

Es la manera que tiene el glotón de decir:

¡Fuera! ¡Esto es mi territorio!

GRRR... ¡ATRÁS! ¡ES MI COMIDA!

¡TRANQUI, TÍO!

ABUBILLA ARBÓREA VERDE

No te acerques nunca al nido de una abubilla arbórea. Si hay alguien en casa, sacará el trasero y te rociará con un perfume nauseabundo.

¡HE DICHO FOTOS NO!

EH, ESTO... ¡PERDÓN!

OSO HORMIGUERO AMAZÓNICO

No insultes a un oso hormiguero amazónico: tienen garras de dragón para defenderse, y echan una rociada tan apestosa que podría subirle los colores a una mofeta.

¡PUAAAJ! ¡TÚ GANAS, TÚ GANAS!

21

BESTIAS BAILARINAS

Bienvenido al concurso animal de talentos.
El premio aquí suele ser encontrar pareja.

UROGALLO DE LAS ARTEMISAS

Estilo de baile: popping

Objetivo: presumir

Los machos forman un abanico
con la cola y se pavonean inflando
los sacos aéreos del pecho,
esperando atraer la atención
de las hembras.

¡BLUP!   ¡BLAM!   ¡BLAM!   ¡BLUP!

¡FATAL!   ¡PENOSO!

DRAGÓN MARINO COMÚN *

Estilo de baile: vals lento, ballet

Objetivo: encontrar el amor

Cuando se encuentran un macho y una hembra, casi lo primero que hacen es bailar. Se deslizan y giran juntos, lado a lado, para saber si deberían tener dragoncitos marinos.

¡EH! ¡NO NOS COMAS, QUE NO SOMOS ALGAS!

* El dragón marino común se parece mucho a las algas entre las cuales se refugia.

¡OLÉ!

¡OLÉ!

¡OLÉ!

¡PRESUMIDAS!

BAILARINA ESPAÑOLA

Estilo de baile: flamenco

Objetivo: locomoción

Esta babosa marina no parece una babosa.

Es de un naranja brillante, con faralaes como el vestido de una bailarina flamenca.

23

PECES DE CARA CURIOSA

Muchos animales ponen una cara rara de vez en cuando, pero estos peces la llevan permanentemente.

TIBURÓN DUENDE *

Esa especie de nariz que tiene el tiburón duende le ayuda a encontrar una presa, y después sus dientes irregulares impiden que la presa se escape.

El tiburón duende da mucho miedo, pero sería inofensivo para un humano que se lo encontrara.

* La verdad es que casi todos los tiburones son inofensivos para los humanos.

PEZ BALLESTA PICASSO *

Con sus enormes ojos y su boca de hacer pucheros, el pez ballesta picasso da la impresión de estar desentrañando un difícil problema matemático.

... POR TANTO, DESPLAZÁNDOME A 5 KM POR HORA, ¿CUÁNTO TIEMPO ME LLEVARÁ LLEGAR A...?

¡OINK!

* El nombre hawaiano de un pariente próximo de este pez es humuhumunukunukuapua'a, que significa «pez ballesta de morro de cerdo».

* Al rey Juan de Inglaterra (1166-1216) le gustaba tanto el pastel de lamprea que en una ocasión le puso una multa (equivalente a 300 000 € de hoy) a la ciudad de Gloucester por no mandarle uno en Navidad.

¿DÓNDE ESTÁ MI PASTEL?

LAMPREA *

Este pez puede causar pesadillas. Donde uno esperaría encontrar una cara, las lampreas tienen una ventosa con dientes pequeñitos y afilados.

GLAMUR ANIMAL

¿Te has preguntado cómo se nos ocurrió
a los humanos la idea de ponernos maquillaje?
Puede que nos inspirara el mundo animal...

PEZ MURCIÉLAGO DE LABIOS ROJOS

¿Es un pez con los labios pintados?
Pues no, pero lo parece. Los científicos
no saben muy bien para qué sirven
sus labios rojos. Tal vez para
atraer una pareja.

Este pez tan raro también
prefiere, en vez de nadar, caminar
por el fondo del mar usando
las aletas.

UN PASEÍTO HASTA EL BARCO
HUNDIDO... ¡Y ME HABRÉ HECHO
MIS DIEZ MIL PASOS DE HOY!

AZULITO CARIRROJO

Solo los machos tienen una mancha roja en las mejillas. Es como si quisieran aprender a maquillarse, pero no les saliera muy bien.*

* Realmente, el color es de plumas rojas, no de maquillaje.

¡QUÉ RARO! ¡DENOMINAR A TODA LA ESPECIE POR UN RASGO DE LOS MACHOS!

CABALLO PALOMINO

Con bello pelaje castaño, pestañas largas y crin de color rubio platino, este caballo tiene un aspecto que sería la envidia de cualquier estrella pop.

EL MÍO ES NATURAL.

EH, BUENO, YA...

27

MÁS BESTIAS FRIKIS

Estos tipos tan curiosos
son aterradores, fantásticos
o, simple y llanamente, frikis.

PICOZAPATO

Esta ave gigante mide más
de un metro de altura y come
peces, tortugas e incluso
cocodrilos pequeños.
A veces arranca antes la cabeza
de su presa.

BASILISCO

Este inteligente lagarto
recibe en ocasiones el nombre
de «lagarto Jesús» porque es
capaz de andar sobre el agua.

Sus grandes pies tienen
al final unos lóbulos dérmicos
que atrapan diminutas
burbujas de aire. Estas
le proporcionan la ayuda
necesaria para poder correr
rápidamente sobre el agua.

JERBO DE OREJAS LARGAS

¿Se trata de un ratón, de un canguro o de un ratón canguro? Nada de eso: es un jerbo.

Las orejas gigantes del jerbo miden un tercio más que su cabeza. ¡Imagínate que tus orejas fueran igual de grandes!

ESCOLOPENDRA GIGANTE DEL AMAZONAS

Es una campeona de velocidad entre los ciempiés, aunque solo llega a los 2 kilómetros por hora. Su mordedura es venenosa. Come tarántulas, culebras, ranas, pájaros, ratones y hasta ratas.

SANGUIJUELA JAPONESA DE LAS MONTAÑAS

Esta sanguijuela se deja caer de los árboles para atacar a sus víctimas y chuparles la sangre.

PREPARADAS, CHICAS...

¡SALTAD!

¡CHUP!

TEST BESTIAL

1. ¿Puedes casar a las bestias con sus ojos?

a) Camaleón

b) Lagarto cornudo

c) Pez de cuatro ojos

i) Sus ojos salpican sangre a los depredadores.

ii) Puede ver cuatro sitios a la vez.

iii) Puede ver en dos direcciones al mismo tiempo.

2. ¿Qué mamá pez y papá pez permanecen siempre juntos?

a) La carpa de ojos celestiales: como apenas ve, cuando encuentra una pareja se queda con ella para siempre.

b) El rape: permanecen juntos literalmente, porque el macho se pega a la hembra y sus cuerpos se fusionan.

c) El dragón marino común: el trabajo de descubrir una pareja ¡lo deja agotado!

3. Cuando se asusta, ¿de qué manera se comporta un geco de cola de hoja?

a) Cae como muerto.

b) Se disfraza de hoja.

c) Chilla como un niño de cuatro años que acaba de tener una pesadilla.

4. ¿Qué bestia huele peor que una mofeta?

a) El oso hormiguero amazónico cuando echa una rociada para defenderse.

b) Una jirafa macho buscando el amor.

c) Un loris perezoso que acaba de bañarse en saliva.

5. Una última pregunta: ¿cuál es tu bestia favorita de este libro?

No hay respuesta correcta ni incorrecta a esta pregunta. Pero todas las demás respuestas están aquí, bocabajo.

Respuestas

1: a = iii

b = i

c = ii

2: b, el rape.

3: c, los gecos de cola de hoja no son famosos por su valentía (las que se caen como muertas cuando se asustan son las cabras miotónicas).

4: a, el oso hormiguero: aunque, en el mundo de las bestias, hay mucho apestoso.

30

GLOSARIO

apareamiento: el hecho de juntarse un macho con una hembra para criar descendientes.

coral: cierto animal marino que vive en colonias de miles de individuos que forman arrecifes.

depredador: animal que caza a otros para comérselos.

flamenco: estilo de baile muy movidito, típico de España.

flotar: capacidad de subir a la superficie de un líquido, como el agua.

huevo: primera fase del ciclo de la vida de los pájaros, reptiles y otros animales.

lóbulo dérmico: especie de aleta.

mimo: imitador, animal que actúa y toma el aspecto de otro.

músculo: parte del cuerpo que mueve brazos, piernas y más.

pareja: en el mundo de las bestias, animal con el que otro se reproduce.

poción amorosa: bebida o líquido que se supone que hace que el que lo bebe se enamore de ti (en realidad, las pociones amorosas no existen).

protuberante: que sobresale mucho.

pupila: parte del ojo por la que entra la luz; parece un punto negro.

retina: parte del ojo donde la luz se convierte en señales que pueden ser comprendidas por el cerebro.

ultravioleta: un tipo de luz que no es visible por el ojo humano.

veneno: sustancia dañina, y a veces mortal.

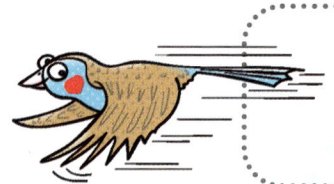

ÍNDICE